W0295389

© Les Éditions Court Circuit, 2015.
ISBN : 979-10-95359-01-2

QUAND LES CANTINES SE REBELLENT

JULIEN CLAUDEL ET STÉPHANE VEYRAT
POUR LE COLLECTIF **UN PLUS BIO**

Manifeste en faveur d'une restauration collective bio, locale, saine et juste

Court Circuit

Remerciements

Ce manifeste est l'expression d'une volonté collective incarnée par l'association Un Plus Bio. Il ne serait pas né sans le concours précieux des nombreuses personnes qui constituent le conseil d'administration et sont elles-mêmes impliquées dans le changement des cantines. Les auteurs adressent également leurs remerciements chaleureux pour leur collaboration et contribution écrite à Katell Jaouannet, coordinatrice de l'association et Gilles Pérole, élu local à Mouans-Sartoux et président d'Un Plus Bio. Ils remercient Josée Guellil et Sylvie Lemaire des éditions Court Circuit pour leur soutien et leur accompagnement éclairé dans la naissance de cet ouvrage. Enfin un grand merci aux 100 personnalités publiques qui ont bien voulu apporter leur signature de soutien à la fin de cet ouvrage.

Les auteurs

Julien Claudel. Journaliste spécialisé dans les questions d'environnement et plus particulièrement en lien avec l'agriculture. Ses projets de vie l'ont également amené à diriger une exploitation agricole bio durant cinq années, expérience qui lui a permis de confronter des idées simples à une réalité parfois subtile. Pour lui, la mutation du monde agricole est une urgence à relever à laquelle tout le monde doit participer.

Stéphane Veyrat. Agronome de formation, directeur de l'association nationale Un Plus Bio. Issu du mouvement associatif, il est à l'origine de la première expérimentation d'introduction de produits bio dans une cantine à Vauvert, un village du Gard, dès 1993. Plus tard il créé le concept « Manger bio » que de nombreuses collectivités reprennent en France. Aujourd'hui, son expérience et un important réseau font de lui l'un des meilleurs spécialistes de la qualité alimentaire en restauration collective.

Philippe Tastet. Illustrateur de presse (La Dépêche du Midi, Le Point, Libération, journaux d'entreprise...), a prêté son crayon souriant aux problématiques complexes de la restauration collective. Grâce à lui, le manifeste devient radicalement joyeux.

AVANT-PROPOS

Un manifeste pour une restauration collective bio, locale, saine et juste, pour quoi faire ?

D'abord, rappeler un principe général : les cantines sont un lieu d'égalité sociale et une formidable opportunité d'affirmation du service public. Quels que soient leurs milieux, leurs origines, nos enfants consomment le même repas. Elles sont aussi un levier fondamental du changement de nos pratiques économiques, sociales et environnementales. Parce que plus de trois milliards de repas sont pris chaque année dans 73 000 restaurants collectifs générant sept milliards d'euros d'achats alimentaires, manger mieux et autrement peut faire évoluer l'agriculture, le développement économique des territoires et le dialogue entre les nombreux acteurs qui concourent chaque jour à satisfaire l'appétit de millions de convives.

Ensuite, éclairer un paradoxe : à l'heure où le bio est passé de l'état de mode à celui de tendance de fond, où le citoyen comme les médias plébiscitent les solutions de simplicité qui permettraient de léguer une planète en bon état aux générations qui viennent, manger bio et local reste confidentiel en France. Chiffres à l'appui, nous verrons qu'on parle de plus en plus de bio, qu'on souhaite davantage de bio et qu'on salue l'introduction de bio… mais qu'on mange encore très largement conventionnel, standardisé et industriel.

Enfin, mettre en lumière des solutions. La question climatique occupe de plus en plus les esprits et le monde a du mal à envisager sereinement l'avenir ? C'est tout modestement mais non sans une certaine fierté que l'association Un Plus Bio souhaite apporter sa contribution au débat public. Certains prônent qu'un autre monde est possible. Nous démontrons qu'une autre alimentation a commencé à voir le jour et peut rapidement se développer pour y contribuer largement. Cela peut aussi passer par les assiettes.

Sur plusieurs territoires en France, des cantines se rebellent. Ce n'est pas encore le grand soir et il reste beaucoup à faire, mais de plus en plus d'actions pertinentes et significatives se nouent à l'échelle de structures et de collectivités locales auxquelles revient le pouvoir évident de changer la donne. L'un des objets de ce livre est de vous faire partager ces actions et de donner envie à d'autres de s'en inspirer, pour que ces expérimentations particulières sortent de leur marginalité et deviennent un cas général.

Les cantines méritent d'évoluer vers des restaurants exemplaires. Où des valeurs simples s'érigeraient, sans contrainte, en règles de vivre ensemble : le plaisir de manger, le temps du repas retrouvé, la qualité et le développement durable à tous les menus, les échanges entre les équipes en cuisine et les convives, l'art de préparer de bons petits plats au lieu d'assembler mécaniquement des produits livrés clés en main par une industrie toujours aussi inventive mais dépassée par les enjeux qui nous préoccupent, à savoir le bio, le local, le sain et le juste à table.

Le collectif Un Plus Bio

SOMMAIRE

'FAUT PRODUIRE BIO
'FAUT MANGER BIO
DU BIO PARTOUT...
MAIS TOUJOURS PAS DANS NOTRE ASSIETTE !
PHILIPPE TASTET

MANGER BIO EN COLLECTIVITÉ : TOUT LE MONDE EN PARLE, TRÈS PEU LE FONT

Les petits à la crèche et à l'école, les actifs en entreprise, les patients à l'hôpital, les personnes âgées en maison de retraite... À tous les âges de la vie, et sans même s'en rendre compte, on mange « collectif ». Mais que mange-t-on ensemble ? En France, avoir accès à de bons produits, si possible bio ou à forte valeur environnementale en restauration collective, relève de l'exception. Malgré la forte adhésion de l'opinion publique à un mode de vie plus sain et à une alimentation issue d'une agriculture respectueuse de l'environnement, l'introduction de produits alimentaires de qualité reste marginale à la « cantine »[1].

Selon un observatoire spécifique mis en place en 2009 par l'Agence bio (organisme chargé du développement de l'agriculture biologique), la part des produits issus de l'agriculture biologique dans les achats de la restauration collective s'élevait en 2014 à seulement 2,7 % du marché alimentaire total. Cette part était de 2,5 % en 2013.

Curieusement, ce chiffre est rarement mis en avant. Un autre, en revanche, a été repris largement par les médias : *« Début 2015, 59 % des établissements de restauration collective proposaient des produits bio à leurs*

---

1) La restauration collective à caractère social comprend plusieurs secteurs : l'enseignement (restauration scolaire et universitaire), la santé et le social (hôpitaux, maisons de retraite…), le travail (restauration d'entreprise et d'administration) et les autres collectivités (établissements pénitentiaires, centres de vacances, armées). Cela représente en moyenne 11 millions de repas par jour et 3,5 milliards de repas par an.

convives, ne serait-ce que de temps en temps », note l'observatoire. En réalité dans la plupart des restaurants, le bio est introduit de façon anecdotique, au gré d'actions ponctuelles. C'est un saupoudrage qui fait chic : ici le pain ou le yaourt est bio, là c'est un menu mensuel, là encore c'est une introduction de bio liée à un événement particulier (célébration du Printemps bio, Semaine du goût, etc.).

Comme d'autres secteurs liés au développement durable, la restauration collective de qualité s'inscrit dans un contexte particulier de communication opportuniste porté par de nombreuses institutions, instances politiques et collectivités. Le local, le durable et le bio sont tendance et chacun essaie d'inventer sa dynamique. Mais en attendant, on est encore loin d'atteindre les objectifs affichés dans le Grenelle de l'Environnement en 2008. Un large consensus s'était alors formé autour du projet d'atteindre 20 % de bio dans les menus de la restauration collective publique d'ici à 2012, tandis que la surface agricole utile dédiée à l'agriculture biologique devait passer à 6 %. Le plan Ambition bio 2017, adopté depuis, permettra-t-il d'atteindre ces objectifs ?

En réalité, même au rythme actuel d'une forte progression de 10 % par an, ces 20 % de bio ne seront pas atteints avant… 2035. De même, les surfaces cultivées en bio occupent à ce jour 4,1 %[2] des terres de l'Hexagone, et encore, en intégrant les importantes conversions du vignoble de ces cinq dernières années. Le recours aux produits bio d'importation sera donc incontournable pendant encore de longues années si rien ne change.

Voilà pourquoi il nous apparaît important de rappeler combien mieux nourrir une population demande un minimum de sérieux, un engagement public ferme et un travail de fond largement concerté sur les territoires.

Pour donner une meilleure lisibilité aux bonnes initiatives et aux résultats concrets, il suffirait de mettre en place trois actions simples :

---

2) Chiffres de l'Agence Bio 2014.

• Labelliser et certifier les pratiques vertueuses en restauration collective. À l'image des contrôles officiels qui ont lieu au moins une fois par an dans les exploitations bio, les cantines responsables doivent être officiellement reconnues et distinguées lorsqu'elles intègrent des paramètres objectifs de qualité, de santé publique et de proximité en lien avec le respect de l'environnement.

À cet égard, il existe depuis 2013 en France un cahier des charges privé dédié à la restauration collective, défini par la société Ecocert, leader de la certification bio en Europe, qui permet d'obtenir le label « En Cuisine ». Les restaurants collectifs prouvent leur engagement dans des programmes alimentaires *« plus bio, plus locaux, plus sains et plus durables »* et obtiennent un des trois niveaux de certification après un audit fouillé : une première carotte à 10 % de bio, une deuxième carotte à 30 % de bio et une troisième carotte à plus de 50 % de bio. Des carottes, vous avez bien lu, mais pas de bâton ! L'idée est d'encourager les efforts de transition et de soutenir les équipes en place, pas de freiner les ardeurs.

Dans les crèches, où on constate une forte attente des parents, un besoin de référentiel qualité s'est également fait sentir. La démarche Ecolo Crèche® initiée par l'association du même nom y répond depuis quelques années, en récompensant officiellement le développement d'actions écologiques au sein des structures de petite enfance. Le label embrasse d'autres paramètres que la seule alimentation. Il interroge l'énergie, les bâtiments, les jeux, les déchets, l'eau, l'hygiène, les produits d'entretien, la gouvernance ou encore la gestion de la ressource humaine.

• Sur le plan politique, les collectivités engagées dans des programmes alimentaires durables devraient se voir récompenser par les autorités publiques. Pourquoi ne pas imaginer le développement d'une politique verte de bonus écologiques pour les repas bio et locaux ? L'air du temps sera-t-il toujours plus propice à l'impunité de ceux qui polluent et à la non reconnaissance de ceux qui concourent à rendre le monde plus acceptable par les générations futures ? Le bonus écologique existe déjà dans l'industrie automobile, les territoires qui se lancent dans des programmes de transition énergétique sont soutenus financièrement par l'État, on défiscalise les investissements en travaux d'économie d'énergie dans l'habitat... Il ne semble pas compliqué d'étendre ces actions à la restauration collective, d'autant que mieux manger, nous allons le voir, est bon pour le climat.

• Enfin, pour ce qui relève de l'information des consommateurs, une solution simple consisterait à déclarer obligatoire la mention dans l'affichage des menus de la part des produits biologiques et / ou locaux. Et même si local ne signifie pas *de facto* respect de l'environnement, c'est déjà un bon pas vers le soutien aux filières de proximité et à la pérennité du modèle économique des producteurs dont on connaît les grandes difficultés.

Répondre à ce triple enjeu de transparence n'est certes pas facile mais des collectivités courageuses ont pris en France un sérieux train d'avance. Elles ne sont pas nombreuses mais elles pèsent pour beaucoup dans la balance nationale au point qu'elles tirent presque à elles seules les chiffres du bio en restauration collective.

Dans ce manifeste, on vous parlera de villes et villages qui cultivent en régie leurs propres fruits et légumes bio pour retrouver la gouvernance alimentaire, mais aussi de métropoles qui travaillent sur des programmes ambitieux comme Paris, Bordeaux, Nîmes, Grenoble. On verra aussi comment s'y prend une poignée de conseils départementaux pour relever le pari de mieux nourrir des milliers de collégiens… Ces collectivités ont toutes dépassé 20 % de bio dans les assiettes. Certaines ont même le toupet d'atteindre 100 % sans toucher au porte-monnaie public ni à celui des ménages ! Un récit passionnant où les notions de volontarisme politique, de concertations populaires et de projet de société retrouvent une seconde jeunesse.

CHOISIR UN MODE DE RESTAURATION, C'EST POLITIQUE

Mettre en place une restauration collective de qualité faisant appel à des produits bio et locaux, c'est bien beau, mais comment faire ? Et d'abord, pourquoi s'acharner à le faire quand tout fonctionne à peu près bien et que personne ne se plaint ? Après tout, une bonne cantine est un établissement qui répond aux normes sanitaires en vigueur et se préoccupe de l'équilibre alimentaire des convives, point.

Malheureusement, c'est dans l'« à peu près » que tout se joue car non, ça ne va pas si bien dans les assiettes

BIO
BIO
BIO
BIO

collectives. Une rapide analyse permet d'établir qu'elles sont, au moins en partie, le siège de crises agricoles répétées. On les soupçonne de porter atteinte à la santé via l'usage des pesticides, d'être à l'origine d'une pression continue sur les prix alimentaires et de crisper les relations avec les fournisseurs. Peu de choses bougent dans ce paysage économique particulier et de nombreux freins s'opposent encore à la progression vers une démarche collective vertueuse.

Chez les élus d'abord, qui disposent pourtant des principaux leviers de décision. Un programme alimentaire ambitieux demande un portage politique fort. Il faut consacrer du temps, user de méthode, rassembler de nombreux acteurs de la fourche à l'assiette, déléguer avec intelligence, composer avec des budgets de plus en plus restreints, assurer un suivi sur le long terme, motiver les équipes, développer une solide offre de formation. En un mot, il faut relever le gant et y croire !

Pourtant beaucoup d'élus envisagent encore la gestion de la restauration collective comme une série de contraintes budgétaires, réglementaires et sanitaires et choisissent de confier la rude tâche à des sociétés privées, soit par peur de ne pas être à la hauteur, soit pour éviter de s'encombrer avec des questions qui leur paraissent sinon secondaires, du moins pas forcément régaliennes. Même si délégation de marché rime parfois avec qualité (la collectivité garde la maîtrise du cahier des charges), il n'en demeure pas moins que le pouvoir de construire un lien solide entre les consommateurs et les acteurs locaux de l'économie circulaire s'en trouve limité. Les collectivités ratent une belle occasion d'affirmation de service public et affaiblissent leur niveau de compétence sur un sujet qui se trouve au cœur des enjeux et de la vie de la cité.

Manger mieux est politique, c'est aussi culturel. Or il n'est pas donné à tout le monde de décrire avec précision ce qui dans une assiette est bon, propre, juste et durable. Le dialogue entre le contenu de nos menus et le niveau de développement de nos sociétés, autrement dit entre ce qu'on mange et ce qu'on est, relève d'une fine analyse qui échappe souvent aux acteurs de la restauration collective. Ici des cuisiniers sont peu familiarisés aux enjeux alimentaires en lien avec l'environnement, là des gestionnaires ont les yeux rivés sur les factures d'achat à la recherche du prix bas, là encore des parents d'élèves se préoccupent d'autres sujets jugés plus urgents : l'organisation des rythmes scolaires, les effectifs, la carte scolaire.

Régulièrement, l'argument du surcoût lié au passage à une alimentation de meilleure qualité s'invite à table. Le bio serait cher, réservé à une élite, aux collectivités financièrement avantagées. On imagine aussi qu'il est plus facile à introduire dans les petites collectivités, à la campagne, que dans les métropoles. Les idées reçues, en restauration collective de qualité comme ailleurs, ont la peau dure !

On ne rappellera jamais assez l'importance du levier fondamental de la décision publique dans l'évolution des cantines. Lorsque celles-ci sont envisagées comme une noble mission de service public et un vecteur de vivre ensemble, des tiroirs s'ouvrent en cascade et les lignes se mettent à bouger. Il devient passionnant voire magique d'agir sur les territoires, les paysages agricoles, les chaînes de responsabilité, la santé publique, l'éducation au goût, le développement économique et social local.

Deux expériences politiques significatives prouvent que le choix engage souverainement les collectivités. D'abord la commune de Grande-Synthe (22 200 hab.), dans le Nord, située dans une région fortement marquée par la désindustrialisation sidérurgique des années 1980. La ville cumule des indices sociaux défavorables : un fort taux de chômage (28 %) et une décroissance démographique aux allures d'exode entre 1982 et 2012. Un tiers de la population y vit aujourd'hui sous le seuil de pauvreté.
Déclarée « en transition », du nom d'un mouvement né en Grande-Bretagne qui envisage les crises comme des occasions radicales de changer le modèle de société, Grande-Synthe est devenue la première commune française de plus de 10 000 habitants à introduire des repas 100 % bio dans ses restaurants scolaires, en 2011. Le maire Damien Carême, inspiré par la farouche volonté d'en découdre avec le déclin, estime que *« les publics fragilisés économiquement et*

socialement sont plus sensibles aux mauvaises pratiques alimentaires, le repas scolaire servi en collectivité apporte donc des garanties quant à l'équilibre alimentaire des 900 enfants. Pour nous, le passage au bio relève d'une urgence sanitaire et sociale ». Les repas sont préparés par des personnes en situation de handicap au sein d'un Esat (Établissement et service d'aide par le travail). La municipalité assume ses choix et, si un surcoût a été constaté lors du passage au 100 % bio faute d'un approvisionnement exclusivement local, elle a mis en place un plan d'incitation à l'installation agricole en bio sur son territoire qui aide peu à peu à structurer l'offre de produits de proximité, de saison, à des prix abordables. La gouvernance alimentaire est une des priorités de la transition.

Le deuxième exemple concerne une grande ville sinon la plus grande ville de France et tend à démontrer que l'alimentation biologique n'est pas réservée aux collectivités isolées : Paris. Ces dernières années le bio a fait une entrée remarquable dans les assiettes (30 millions de repas annuels) : 21,5 % en 2013, près de 30 % en 2014 et un objectif affiché de 50 % de bio d'ici à 2020. Bio mais pas seulement. Adopté à l'unanimité en juin 2015, le plan alimentation durable, mis au point pendant un an en lien avec tous les acteurs concernés, vise des objectifs simples et clairs : réduction de 20 % de la part de la viande dans les menus, 100 % des œufs issus de poules élevées en plein air, refus des poissons pêchés en eaux profondes, bannissement de l'huile de palme et de tout produit contenant des OGM.

Ambitieux, ce plan pose quelques questions : comment atteindre 50 % de bio alors que l'agriculture biologique n'occupe à ce jour que 2 % des surfaces cultivées en Île-de-France ? Consciente de l'ampleur du projet, l'équipe municipale compte procéder par étapes. Elle a dressé un état exhaustif des forces et faiblesses des filières agricoles et s'est engagée dans un programme de sensibilisation des producteurs et des partenaires. Des moyens ont été annoncés comme l'aide à la structuration de l'offre, le soutien à l'installation ou à la conversion en bio des agriculteurs qui se trouvent sur les zones de captage des eaux de Paris (parfois éloignées de 150 km). La mairie souhaite aussi multiplier les expériences de groupements de commandes pour minimiser les éventuels surcoûts et, dans le même temps, faciliter la réponse des producteurs aux appels d'offres.

En prenant des risques, en faisant œuvre de pédagogie et en maniant l'art de la concertation, les collectivités apportent la preuve que l'aménagement du territoire, l'entretien des paysages et l'amélioration de la qualité de vie ont bien quelque chose à voir avec les « cantines ».

BUDGET ALIMENTAIRE 1950
FRANCS
BUDGET ALIMENTAIRE 2000
EUROS
BUDGET 2015
LOCAL
BIO
L'AVENIR

MANGER MIEUX SANS DÉPENSER PLUS

Nous y voilà. Au cœur de la problématique. Au nerf de la guerre alimentaire ! Dans un contexte de crise qui s'enracine dans les esprits autant que dans les comptes publics, les politiques alimentaires durables sont soupçonnées de vouloir engloutir des budgets de collectivités déjà absorbés par d'autres compétences. L'argent serait la raison principale qui pousse au renoncement ou au statu quo en restauration collective.

C'est évidemment dommage et, pour plusieurs raisons, injustifié. La variable des coûts est à manier avec précaution. Il ne faut pas inverser les priorités mais veiller à poser d'abord la question de la logique d'un projet avant de porter un œil à la facture des denrées alimentaires. Une logique purement comptable sans changement de paradigme est gage d'échec.

La recherche inconsciente de denrées alimentaires au prix le plus bas, quand elle devient un réflexe de gestionnaire, n'est pas neutre. Vouloir gérer au mieux les deniers publics n'est pas coupable en soi, c'est même une qualité qu'on retrouve en privé au sein des ménages. Mais depuis l'après-guerre, il se passe un mouvement imperceptible quoique durable : les consommateurs consacrent de moins en moins d'argent à leur alimentation. Au contraire des budgets logement, transport, loisirs ou communication qui s'étoffent, le poste alimentaire recule, devient secondaire. Cette tendance de fond se retrouve d'une certaine manière dans l'approche des collectivités. Le pas cher est dans l'air du temps dont les assiettes font les frais. Nos habitudes de consommation sont largement inspirées par le développement d'une société de l'abondance et l'organisation d'une industrie agroalimentaire et de circuits de distribution qui font du prix bas et de la production de masse les fondements de leur légitimité.

Il serait bon de faire à ce stade une différence entre *« le coût du vice et le prix de la vertu. On peut toujours se plaindre que les bons produits sont chers, il faut pourtant regarder ce que les mauvais produits nous coûtent »*. Grand cuisinier et agitateur d'idées, Arnaud Daguin développe cette réflexion depuis quelques années. Pour lui, un projet alimentaire qui ne se préoccupe pas de qualité, d'environnement, de justice sociale et d'équilibre économique est un projet coûteux pour les citoyens. Les dérives du modèle actuel de production alimentaire des sociétés développées engendrent des coûts induits de plus en plus lourds. Rendre l'eau potable au robinet engloutit des sommes indécentes[3]. Les mauvaises habitudes alimentaires entraînent la multiplication

---

3) Une étude du Commissariat général au développement durable estimait en 2011 que les ménages devaient supporter, en plus de leur facture d'eau, une dépense de 1 à 1,5 milliard d'euros pour la rendre potable au robinet. La faute aux fortes concentrations en nitrates et pesticides issus de l'agriculture conventionnelle. Sur le littoral breton, le ramassage des algues vertes formées au bout du chemin des effluents rejetés par les élevages intensifs coûte chaque année entre 30 et 50 millions d'euros.

de maladies de civilisation qui pèsent sur la dépense publique comme le diabète, l'obésité, les maladies cardiovasculaires. Inutile de passer en revue toutes les conséquences fâcheuses d'une agriculture intensive qui, on le constate de plus en plus souvent, ne fait plus le bonheur des exploitants victimes de crises endémiques.

C'est peu dire que l'argument présumé du surcoût lié à une meilleure alimentation se discute. Engager une politique alimentaire vertueuse doit prendre en compte des paramètres qui ne relèvent pas que du seul prix des denrées. Les moyens de faire baisser ou de contenir le niveau des factures sont multiples et dépendent de la structure engagée. On ne raisonnera pas sur les mêmes niveaux d'intervention selon qu'on est un conseil départemental (qui gère les collèges), une Région (lycées), une commune (écoles), l'État ou une société de restauration collective privée.

Le prix d'un menu en collectivité est pour une modeste part lié au coût des denrées. En France, le montant moyen des matières entrant dans un repas complet tourne autour de 2,00 €[4]. Mais le coût global est plus important, lié à des charges courantes qui méritent d'être analysées précisément : organisation logistique, salaires du personnel, amortissements des investissements (bâtiments), entretien, électricité, eau. Selon les collectivités et les établissements, le prix d'un repas varie de 6,50 € à 10,00 €. Cette fourchette est large et dépend en grande partie du niveau de cloisonnement ou de collaboration des acteurs, de la réunion ou de la dissémination des directions de l'éducation, de la jeunesse, de la santé, de l'agriculture, de l'environnement. Elle dépend aussi du degré de mutualisation des commandes lorsque plusieurs établissements sont voisins. Un théorème pourrait résumer l'approche : moins il y a de transversalité, moins le projet est porté collectivement, et plus il est difficile de converger vers des objectifs de rationalisation budgétaire.

---

4) Il s'agit d'un prix moyen constaté généralement dans le secondaire ainsi que parmi les 30 collectivités adhérentes du Club des Territoires Un Plus Bio.

Vu des cuisines et des gestionnaires, il est tout autant possible de faire baisser la facture des achats. Avec une réflexion préalable : passer d'une alimentation conventionnelle à une restauration collective bio et durable sans renouveler les approches en cuisine mène généralement à l'impasse budgétaire.
Cultiver une relation saine avec les fournisseurs, les associer aux objectifs de qualité dans la durée peut susciter une émulation. Avec les diététiciennes, il faut travailler sur la définition de menus qui intègrent la notion des coûts. Reconsidérer les menus et les recettes est alors incontournable. Autres pistes payantes : définir des approvisionnements au semestre ou à l'année pour certaines lignes de produits et développer, à l'inverse, des menus à la semaine plutôt qu'au mois pour d'autres aliments, en anticipant les fluctuations du marché et en se réservant le droit de renoncer à des produits coûteux à un instant donné. La règle de la saisonnalité devient impérative : pas la peine d'acheter au prix fort des tomates d'importation, traitées, au goût d'eau en mars quand on peut les introduire courant juin, en bio et à un prix abordable ! Cette approche prudente rejoint la *« cuisine de*

marché », une autre conviction chère au chef Arnaud Daguin. Il s'agit d'adapter le plan alimentaire à l'offre de produits disponibles et d'envisager les menus en fonction, alors que la démarche inverse est généralement observée en restauration collective : les recettes sont prédéterminées en commission et misent sur l'abondance présumée du marché. Même si cette partie est subtile à jouer sur un plan technique, les petites cuisines comme les cuisines centrales ont un égal intérêt à se pencher sur la question.

Peu de collectivités évaluent avec précision le budget total de leur restauration collective, réparti entre plusieurs services qui ne croisent pas facilement leurs données. Il devient d'autant plus limité sinon vain de mettre en cause le seul coût des denrées.

La commune de Mouans-Sartoux, dans les Alpes-Maritimes, fait exception. Depuis le 1er janvier 2012, les 1 200 convives quotidiens de la ville ont droit à des repas 100 % bio dont le prix de revient tend à baisser. La facture moyenne des aliments entrant dans la composition d'un repas s'élevait ainsi en 2013

à 1,86 €. Lorsque les menus n'intégraient « que » 23 % de bio en 2009, elle était de 1,90 €.
Le secret de la réussite locale n'est malheureusement pas transposable d'un coup de baguette magique aux autres collectivités. C'est qu'il y en a eu du travail, et sur tous les fronts. On retiendra deux événements essentiels : la création d'une régie agricole et la réduction du gaspillage alimentaire.

Pour s'affranchir de la dépendance aux fournisseurs venant de loin et des faibles volumes issus de la production bio locale, la mairie de Mouans-Sartoux a préempté en 2010 un domaine agricole abandonné, promis à la spéculation immobilière dans cet arrière-pays de la Côte d'Azur où le foncier constructible atteint des prix très confortables. Haute-Combe déploie d'un seul tenant quatre hectares près du centre-ville. Un jeune agriculteur a été recruté sous statut municipal pour travailler les terres. Il ne se lasse plus de recevoir les classes, les parents, les cortèges d'élus et les caméras pour montrer comment une collectivité peut conquérir sa gouvernance alimentaire. En 2014-2015, le domaine a produit plus de 80 % des besoins en légumes. Un verger a été planté dans la foulée pour étoffer dans quelques années l'offre de fruits. Enfin un atelier de transformation végétale est en cours de création pour absorber les surplus de production de l'été, les cuisiner, les conditionner et les servir aux convives lorsque la bise reviendra.

L'autre pilier de la politique alimentaire de Mouans-Sartoux réside dans une sérieuse réduction du gaspillage alimentaire. En cinq ans, de 2009 à 2014, celui-ci est passé d'une moyenne de 147 g à 35 g par assiette. Les enfants mangent à satiété, ne manquent de rien, ils font simplement plus attention à ce qu'il y a dans leur assiette et trient avec précision les restes alimentaires qui poursuivront leur route jusqu'à la station de lombricompostage dont s'est équipée la ville au domaine de Haute-Combe. À leur côté les cuisiniers et les animateurs du temps périscolaire les aident à choisir la juste portion adaptée aux différents appétits. La réduction du gaspillage a généré un gain de 15 centimes par assiette. C'est autant d'argent, multiplié par quelque 150 000 repas, réinvesti dans l'achat de produits bio.

Menu

ET SI LES CANTINES DEVENAIENT DES RESTAURANTS EXEMPLAIRES ?

Nous avons tous des souvenirs de cantine. Point de passage quasi-obligé à l'école, nous y revenons souvent dans la vie : en entreprise, en maison de retraite, à l'hôpital. Or que retient-on en général de ces lieux collectifs ? Au mieux des repas pris entre potaches, à la va-vite, dans des environnements bruyants, sans lien particulier avec les cuisiniers. Certains se souviennent encore de ces dames en blouse blanche, charlotte sur la tête, poussant des chariots en inox le long de grandes travées entre les tables. Quel souvenir garde-t-on de la qualité ? En général, rien de transcendant, parfois surgissent même des micro-traumatismes : rappelez-vous, les fameuses endives au jambon si amères ou les plats d'épinards hachés baignant dans la Béchamel avec des œufs durs et des croûtons ! Et à l'hôpital ? Même constat désenchanté devant des plateaux fades et compartimentés, aseptisés sous la cellophane où condense la vapeur… Les stéréotypes de menus peu consommés sont en partie à l'origine de l'important gaspillage dont la France n'est pas avare, un bon tiers des assiettes finissant à la poubelle[5].

La cantine charrie malgré elle une mauvaise réputation. Étymologiquement, elle n'est pas à la fête. On retrouve ses premières traces vers 1680 pour décrire *« un petit coffre dont on se sert à l'armée pour transporter les bouteilles »*. En 1720, elle devient *« un magasin pour fournir le tabac aux troupes »*. Vingt ans plus tard c'est *« un magasin où l'on vend du vin et de la bière aux soldats »*. D'autres sources plus anciennes et moins sûres

---

5) Le gaspillage moyen en restauration collective est de 167 g par assiette : rapport final « Pertes et gaspillages alimentaires dans les métiers de la remise directe », UrbanFoodLab pour le ministère de l'agriculture, de l'alimentation, de la pêche, de la ruralité et de l'aménagement du territoire, 2011.

indiquent une origine italienne : « *cantina* » serait un dérivé de « *canto* », proprement « *angle, coin retiré, débarras* » au sens de « *cave, cellier* ».

N'en jetez plus ! Nous voilà renseignés sur la valeur précaire et le caractère militaire des cantines. Et si nous y opposions la notion de *restaurant*, qu'il soit scolaire, d'entreprise ou administratif ? Le restaurant implique la notion de liberté, de choix. On y réserve une bonne table entre amis, on s'y rend en amoureux, en famille, pour le plaisir ou pour marquer un passage important (mariage, naissance, anniversaire). Le temps du repas est étendu, on désire bien manger, les échanges et le partage à table sont incontournables. À la cantine, la notion de quantité précède celle de la qualité. On lui assigne l'objectif principal de satisfaire les besoins des convives en glucides, lipides, protéines et minéraux, mais pas forcément de leur procurer du plaisir, un terme qui reste tabou.

Pour améliorer la qualité, la structure des bâtiments et l'aménagement des salles doit évoluer de manière à permettre aux élèves de prendre le temps de manger.

« Privatiser » davantage les espaces, travailler sur l'environnement acoustique en amortissant le brouhaha, jouer sur les éclairages et les lumières naturelles, oser la décoration, imaginer des selfs-services conviviaux, des bars à salades, des îlots dédiés à la desserte de certains aliments (crudités, fruits en quartiers). Par-ci, par-là, prenant acte des nouvelles réglementations liées à l'habitat, des collectivités confient le soin à des architectes de plancher sur des salles de restauration plus confortables, dans des bâtiments HQE (haute qualité environnementale). Il faut continuer sur cette voie, bien au-delà de la seule préoccupation d'économie d'énergie.

Il en va de l'éducation à l'importance d'une alimentation de qualité, laquelle passe aussi par la rupture de la frontière hermétique entre les équipes en cuisine, les convives et les enseignants, par une meilleure information voire un travail pédagogique en amont sur les menus et le renforcement de l'accompagnement du temps du repas par des animateurs eux-mêmes formés aux bons messages sur la biodiversité dans l'assiette et le plaisir de manger. Le gaspillage alimentaire s'en verrait réduit : on jette moins quand on est bien informé entre la part du plaisir et celle de la contrainte.

Et qui sait, parler demain de plaisir sera peut-être la norme. Les rapports sociaux, l'envie de retourner à l'école, l'impatience d'aller manger se tisseront d'autant plus facilement que les repas s'inscriront dans un délai convenable. La Région Provence-Alpes-Côte-d'Azur a par exemple rédigé une charte partagée par tous les lycées qui recommande de « *faire du repas un moment de détente et de convivialité* » avec une pause minimale de vingt minutes pour la seule prise du repas, en dehors des files d'attente. Détente et partage forment également tout le propos du film *Nos enfants nous accuseront*, réalisé par Jean-Paul Jaud en 2008 au sein du restaurant scolaire de Barjac, une petite commune du Gard passée au bio. Comme le rappelle le maire Édouard Chaulet, « *dis-moi ce qu'il y a dans ton assiette et je te dessinerai, je te peindrai les paysages. Quand on tire un bout, en bio, tout vient : on est dans un paradigme, c'est de la philosophie, c'est de la morale, c'est de l'esthétique, c'est du bonheur de vivre, c'est du plaisir* ».

LA NOURRITURE NE TOMBE PAS DU CIEL

Nos assiettes sont le reflet de nos mentalités, de nos cadres de vie, de la société telle qu'on la souhaite ou telle qu'on la subit. On nous ferait presque croire que la nourriture est un sous-produit qui tombe du ciel, sans valeur, gracieusement offert par une Terre qui n'a de cesse de produire. La réalité est différente. Pour manger, il faut des sols en bonne santé, il faut des hommes et des femmes qui inventent les formes de production de demain.

Aujourd'hui l'agriculture française souffre. Des indicateurs précis interpellent : la situation économique et sociale de la majorité des exploitations agricoles est dégradée, on le voit à chaque nouveau cycle de manifestations qui bloquent le pays. La crise des vocations gagne toujours plus les descendants d'agriculteurs qui désirent s'affranchir d'un modèle dans lequel leurs parents s'échinent au labeur sans jamais tirer de bénéfice. Le nombre de paysans recule, leurs terres délaissées fournissent les moyens de s'agrandir à des fermes voisines qui se muent en véritables usines contraintes de se tourner vers des filières de plus en plus longues, sujettes aux fluctuations incontrôlables d'un marché où travailler en local devient presque impossible. Enfin les bonnes terres agricoles disparaissent aux abords des villes, menacées par l'urbanisation, le mitage[6], la spéculation foncière. Nourrir la population sans prendre en compte la valeur éthique, économique et humaine de l'alimentation, c'est faire l'impasse sur

---

6) Le mitage est l'implantation de constructions dispersées dans le paysage naturel autour des villes, condamnant la vocation agricole des terres.

des problématiques qui rongent peu à peu le ciment social et les fondations du vivre ensemble.

Les paysages agricoles français, s'ils ne sont pas encore tous gagnés par la monotonie, se sont excessivement spécialisés. Sur des millions d'hectares le grand bassin parisien et son cousin aquitain ne cultivent plus que du maïs, du blé, de la betterave, du colza et du tournesol. En Bretagne, l'élevage intensif et hors-sol de volailles et de porcs domine. Le Midi méditerranéen, tourné vers l'arboriculture, le maraîchage et le petit élevage, est d'abord une terre viticole : le Languedoc-Roussillon reste la première région viticole du monde. Quant aux territoires océaniques et de moyenne montagne, plus humides et riches en pâturages, ils profitent à l'élevage extensif et à l'industrie laitière.

Autrefois, les coûts logistiques et de transport étaient rédhibitoires, on consommait localement ce qui était produit et les agricultures étaient plus diversifiées, la polyculture et l'élevage extensif maillaient de nombreuses régions. Désormais, les agriculteurs produisent essentiellement ce que le marché demande, un marché dicté par les grands opérateurs de l'agroalimentaire et une concurrence mondiale féroce. La progression de la monoculture a engendré une réduction étonnante de la biodiversité et a appauvri durablement les sols.

Poser la question de l'avenir de nos paysages et de nos modèles agricoles est fondamental. Là encore, les élus locaux ont une carte à jouer. C'est à eux que revient la possibilité de sanctuariser les terres précieuses aux portes des villes à des fins nourricières. Ils ont la main sur les documents, les schémas d'urbanisme et l'aménagement du territoire, ils peuvent créer les nouveaux traits d'union entre les populations urbaines et les gens de la terre.

De leur côté, les producteurs prennent peu à peu conscience des limites engendrées par leur modèle de développement devenu dépendant de paramètres qui leur échappent. Passer au bio était considéré hier comme une démarche de marginal, c'est aujourd'hui une planche de salut pour beaucoup. Les exploitations biologiques connaissent depuis près de dix ans une croissance à deux chiffres, même si leur marché reste relativement confidentiel (moins de 3 % de la consommation des ménages en 2015). Les filières sont économiquement plus saines et un dialogue plus respectueux, contractuel se noue entre les producteurs et les metteurs en marché. Les agriculteurs bio forment aujourd'hui un peloton important d'exploitations de taille familiale, ils sont également plus sensibles à la notion de développement local auquel ils contribuent souvent en tant que citoyens engagés.

Pour mesurer l'impact de nos habitudes alimentaires et définir des pistes d'action pour l'avenir, un document de travail passionnant a été publié en 2014 par l'association Solagro. Active dans les domaines de l'énergie, de l'agriculture, de la forêt et de l'environnement, elle a rédigé le scénario *Afterres 2050*, un rapport précis et fouillé qui décrit par anticipation ce à quoi pourrait ressembler un système agricole français soutenable si on lui demandait de bien vouloir nourrir en 2050 une population qui aura atteint selon l'Insee quelque 72 millions d'habitants.

Pour le collectif d'experts l'enjeu est simple : soit le modèle agroalimentaire se tire une balle dans le pied jusqu'au déclin agricole, soit on imagine des solutions objectivement adaptées qui favorisent une reprise en main de notre avenir alimentaire commun. Non sans bousculer quelques habitudes, et c'est ce qui fait le sel de l'ouvrage, les experts pensent qu'atteindre d'ici 2050 le double objectif de nourrir sainement la population et garantir l'avenir des espaces cultivés est possible. La panoplie de solutions recommande de manger moins de viande, de revenir à l'élevage extensif de porcs, d'augmenter les troupeaux de moutons, de bannir tout produit chimique des champs, de faire baisser le rendement des vaches laitières, d'accentuer notre consommation de céréales et de légumineuses, etc.

En Pyrénées-Atlantiques, un scénario alimentaire de proximité exemplaire est en marche depuis quelques années. Une couveuse agricole baptisée SAS Graines[7]

---

7) Société par Actions Simplifiées / GRaines d'Agriculteurs Innovants, Nourriciers, Entreprenants et Soutenus.

aide à s'installer des porteurs de projets agricoles qui n'ont pas de terre ou n'ont pas hérité de fermes familiales. Dans le cadre d'un système alimentaire local soutenu par les institutions locales et les consommateurs, la structure qui les accompagne, le Civam-Béarn, démontre qu'il est possible de développer une agriculture innovante où les « couvés », par la mise à disposition de foncier, hébergés juridiquement au sein d'une seule entité et bénéficiant d'appuis techniques et économiques pour démarrer, confrontent leur apprentissage à la réalité du terrain en réduisant les risques. Aujourd'hui, la restauration collective locale est un des clients de la SAS.

S'APPROVISIONNER PRÈS DE CHEZ SOI SANS DÉGÂTS POUR LA PLANÈTE

Acheter bio et local, plus facile à dire qu'à faire ? Les tentatives d'approvisionnement de proximité en denrées alimentaires de qualité, c'est un fait, sont souvent vécues comme des échecs par les collectivités. L'offre alimentaire bio est largement insuffisante sur les territoires. Normal, nous avons pris pour vilaine habitude de voir défiler des milliers de kilomètres dans nos assiettes : la plupart des aliments que nous mangeons passent plus de temps sur les bateaux et les autoroutes qu'en cuisine. La faute à qui ? La distorsion grossière qui existe entre l'offre mondiale et la demande locale tient à l'histoire et à l'organisation du marché agroalimentaire, lequel a connu de profonds bouleversements depuis l'après-guerre.

Pour résumer on trouve d'un côté les filières longues, c'est-à-dire les systèmes de production, de transformation et de distribution tournés vers les échanges nationaux voire internationaux. Elles font le bonheur des grands opérateurs et la plupart des producteurs sont soumis aux humeurs et aux lois de ce marché fluctuant qui ne garantit ni revenu stable ni vision à long terme. Même les gouvernements ont du mal à voir clair et à sortir des crises agricoles devenues chroniques. C'est vrai pour l'élevage de porcs, de bœufs, de vaches laitières, pour les producteurs de fruits et légumes. Les céréaliers sont moins touchés, soutenus par une politique agricole commune largement favorable aux grandes cultures.

De l'autre côté il y a les filières courtes, un maillage serré et localement assez bien implanté sur les territoires au gré de petites exploitations qui écoulent généralement leur production en vente directe : sur les marchés locaux, à la ferme, dans les boutiques paysannes. La proximité, les circuits courts et les petits volumes dominent ce modèle.

Entre les deux, et parce que sa demande de volumes est importante, la restauration collective penche logiquement vers les filières longues. Elle y est d'autant plus encouragée que la procédure contraignante des marchés publics l'oblige à lancer des appels d'offre européens qui ne favorisent pas le recours aux productions locales. Le législateur a prévu que l'ouverture des marchés, alimentaires ou non, bénéficie de manière égale et concurrentielle à tous les fournisseurs sans discrimination géographique. Cela évite les collusions et les connivences locales mais n'empêche pas que le sauté de porc allemand ou le rôti de bœuf hollandais s'invitent dans les assiettes françaises et inversement. Au final, les industriels et les gros opérateurs sont les interlocuteurs essentiels de la restauration collective qui travaille en flux tendus. Les filières courtes, moins structurées et peu familières des appels d'offres, sont rapidement écartées du jeu.

Malgré tout, de plus en plus de territoires réussissent à relocaliser leurs achats. Les communes qui disposent d'un bon service juridique développent des techniques astucieuses de division de leur marché alimentaire en plusieurs lots, afin que les producteurs locaux puissent répondre à certains d'entre eux, dans le respect du code des marchés publics. C'est le cas dans les Bouches-du-Rhône de la ville de Salon-de-Provence (3300 repas par jour dont 30 % de bio local). La segmentation du marché lui a permis d'introduire des critères non discriminants comme le type de conditionnement, la fraîcheur, le calibre des fruits et légumes ou encore l'exigence de labels de qualité. Les élus ont parallèlement passé des semaines en réunion et sur le terrain à informer les agriculteurs locaux de leurs désirs d'un approvisionnement plus proche. Cette procédure a entraîné un surcroît de travail du fait de la démultiplication des marchés à gérer, mais elle a rendu possible l'introduction de produits à forte valeur sociale et humaine ajoutée.

Dans la Drôme, premier élève bio de France, c'est un système informatique original qui soutient les circuits courts. Agrilocal, c'est son nom, a été créé en 2011, il fonctionne sur le principe d'une plate-forme interactive et dématérialisée entre les acheteurs publics et les producteurs. Les établissements publient en ligne leurs besoins du jour, de la semaine ou du mois en pommes, poireaux, viande ou crème fraîche dans un rayon donné (10, 20 ou 30 km). Les agriculteurs concernés et préalablement inscrits répondent en fonction de l'offre disponible. Ils peuvent également tenir informée la collectivité du calendrier de leurs productions à venir. Salué par l'État en 2013, le dispositif a séduit et gagné, depuis, une vingtaine de départements.

Dernier exemple avec l'Isère, un département qui a introduit du bio dans ses collèges dès 2002. Par des mesures simples, l'assemblée départementale soutient financièrement et techniquement certains projets portés par la profession agricole, ici une plate-forme de producteurs « Mangez Bio Isère », là deux abattoirs de proximité en montagne et aux portes de Grenoble, là encore une coopérative laitière dans le Vercors. Les filières locales disposent d'outils de transformation et de distribution qui leur ouvrent des débouchés nouveaux, le plus souvent avec une pratique de prix garantissant par contrat le revenu des producteurs.

EN FINIR AVEC L'EXCÈS DE VIANDE DE MAUVAISE QUALITÉ

Non, ce manifeste n'est pas végétarien. Il ne milite en faveur d'aucune forme de régime alimentaire en particulier. Mais il se veut éclairé, observateur et pour tout dire, inspiré par le bon sens. La restauration collective, objet de recommandations officielles précises de la part des autorités soucieuses du bien public, réserve aux assiettes une part trop importante à la viande. Du moins à une viande de qualité médiocre issue d'élevages industriels dont la seule fonction vise à satisfaire les besoins de l'organisme des convives en protéines. Mais à quel prix !

Les crises répétées des filières d'élevage démontrent que, malgré l'encouragement à produire toujours davantage sur de grandes exploitations, l'équilibre économique n'est toujours pas assuré tandis que les niveaux de prix, basés sur la volatilité des cours européens et mondiaux, exercent une pression continue. Rappelez-vous, l'année 2015 a vu enfler la polémique autour d'un prix de 1,40 € le kilo de porc jugé largement excessif par les opérateurs du marché. On croit rêver.

Plus un pays est développé, plus la consommation de viande augmente. Et même si la tendance est à la stagnation aujourd'hui en France, les habitudes alimentaires sont tenaces et les évolutions lentes. Question de culture. Parce qu'elle est un pays de grande tradition agricole, parce que ses paysages sont en partie dessinés par l'élevage et que le temps du repas et de la communion à table y est célébré plus qu'ailleurs, la France a fait de la viande l'invitée officielle des bonnes tables. Curieusement, un menu sans viande a quelque chose à voir avec les périodes difficiles, il fait pauvre. La restauration classique elle-même ne se risque jamais à présenter une carte sans produits carnés. La viande redonne des forces, du fer, entretient les muscles : une réputation tenace, on vous dit !

Et tant pis si les études s'accumulent pour nous renseigner sur les méfaits d'un excès de consommation de protéines d'origine animale. Tant pis si la production de viande est responsable de problématiques agricoles fâcheuses. Grand consommateur d'énergie, d'eau, de cultures végétales destinées à le nourrir, l'élevage participe à la pollution des cours d'eau, des nappes phréatiques ainsi qu'à l'émission de gaz à effets de serre[8]. Rien qu'en France, selon diverses estimations, deux tiers des terres agricoles[9], prairies incluses, sont

---

8) En France le secteur agricole représentait 21 % des émissions de gaz à effet de serre en 2012, dont 43 % pour l'élevage (inventaire Secten du Citepa 2014).

9) *Mission Climat de la Caisse des Dépôts, 2005, p.3.* L'alimentation animale est le principal débouché industriel des céréales françaises : elle en consomme 10,2 millions de tonnes, ce qui représente la moitié des utilisations en France *(Passion céréales, 2014).* Avec 4,5 millions de tonnes de soja importés chaque année, la France est le premier importateur européen : 22 % du soja brésilien lui est destiné *(Billon et al., 2009).*

consacrées à produire des aliments destinés aux animaux. Élevages intensifs, parcours extérieurs inexistants, emploi d'antibiotiques, sélections génétiques de races à forte croissance, la viande qu'on mange est championne en sorcellerie où les poulets atteignent deux kilos en quarante jours.

La restauration collective peut-elle aider à changer la donne ? Indéniablement oui. Par sa force de frappe et ses millions de convives, elle dispose d'un pouvoir de prescription qui permet d'orienter la production de viande vers un mieux-disant social, économique et humain. Les recommandations officielles du PNNS (Plan national nutrition santé) et du GEMRCN[10] ont le mérite de poser le cadre des conduites alimentaires à tenir, mais il est souhaitable de s'en affranchir en partie. La viande n'est pas nécessaire à tous les repas et l'équilibre alimentaire se mesure sur les moyen et long termes et non à l'échelle d'une journée ou même d'un menu.

---

10) Il s'agit d'un guide pratique concernant la qualité nutritionnelle des repas servis (littéralement : Groupe d'étude des marchés restauration collective et nutrition).

Manger « moins » de viande pour manger « mieux » de viande n'est pas si difficile. L'approche des professionnels de la nutrition et de la diététique confirme que les sources de protéines sont multiples et ne sont pas l'apanage des seuls produits carnés. Elles existent en quantité dans d'autres aliments à condition d'apprendre à les associer, comme les céréales et les légumineuses. Si les gestionnaires des commandes le veulent, ils peuvent défendre les élevages locaux, extensifs, respectueux de l'environnement et du bien-être animal. Pour ce qui est du poisson, ils peuvent jouer la carte de la pêche durable contre celle qui menace les fonds marins. Les surcoûts engendrés logiquement par des achats de viande d'une meilleure qualité deviennent alors faciles à gérer. Ils peuvent être compensés par une moindre fréquence de repas carnés, on l'a dit, ainsi que par la mise en place de contrats avec des éleveurs qui s'engagent sur des niveaux de volumes et de prix. À Lembeye dans le Béarn (Pyrénées-Atlantiques), des éleveurs se sont associés, soutenus par la communauté de communes du canton, pour créer un abattoir de proximité en milieu rural assorti d'un atelier de transformation. Disposant d'un outil innovant sur leur propre territoire, ils adaptent leur filière aux besoins du marché local (l'agglomération de Pau) et de la restauration collective. Premiers bénéficiaires de ce type d'approche, les cuisiniers s'accordent généralement pour dire que la « bonne » viande se travaille avec plus de plaisir et se tient beaucoup mieux à la cuisson que la viande industrielle en rendant moins d'eau, ce qui permet d'en introduire moins.

Certaines collectivités s'intéressent à diminuer la ration de viande dans les repas collectifs. Et pas seulement par souci ou respect des convictions religieuses qui se sont invitées au débat sous forme de polémiques ces dernières années. À Bègles, en Gironde, une expérience de double menu, l'un avec viande et l'autre sans, avait été tentée dès 2002. Mais le fond de l'air du temps était sans doute trop frais et les esprits peu familiarisés aux préoccupations environnementales : ce fut un échec. Réintroduits à partir de 2014, ils ont gagné les habitudes et sont aujourd'hui d'autant mieux consommés que la démarche a été mieux préparée, se veut progressive et fleurit sur un terreau social et médiatique plus ouvert.

Près d'Avignon, une expérience inédite pousse le curseur un peu plus loin, dans un établissement scolaire privé du réseau Steiner. De la maternelle au lycée, les convives ont droit à des repas 100 % bio et intégralement végétariens préparés par l'association Labelbio. La démarche a progressé en douceur, sans idéologie, avec le soutien de parents d'élèves ouverts sur le principe d'explorer de nouvelles pistes. L'opération est un vrai succès, apportant la preuve qu'une approche alimentaire de qualité passe par un dialogue apaisé qui invite au rassemblement plus qu'à la division, à la réflexion de fond et aux bons débats.

REDONNER SA PLACE À UNE CUISINE VIVANTE

Dans l'univers en mouvement de la restauration collective, on s'intéresse généralement peu à ce qui se passe dans les cuisines. D'une manière générale, les agents qui opèrent quotidiennement au service des convives relèvent de métiers peu valorisés. Leur tenue aseptisée -charlotte sur la tête, blouse blanche, pantalon de toile et sabots aux pieds- n'est pas étrangère à cette forme de relégation. Parce qu'elle a pour mission de nourrir en masse, la restauration collective a cédé à des évolutions normatives qui en ont fait progressivement de gros laboratoires à l'hygiène drastique. La peur panique de la moindre bactérie, la traque par les services d'État de toute forme de « TIAC » connue dans le jargon pour décrire les toxi-infections alimentaires collectives et la mise en place des normes HACCP[11] ont entraîné des pratiques irréprochables en termes de sécurité sanitaire. Les malaises collectifs en sortie de repas sont devenus extrêmement rares. Cette évolution entraîne néanmoins deux phénomènes : d'abord un éloignement des consommateurs du produit brut, frais, livré en vrac, devenu suspect de générer la maladie dans ses fanes, ses racines ou ses tissus. D'autre part, elle permet aux géants de l'agroalimentaire de proposer des produits engageant eux-mêmes des procédés de transformation et de conditionnement où les additifs et toutes sortes de conservateurs sont légion, au point de dénaturer et standardiser la valeur des aliments.

L'approche hygiéniste se traduit par un emploi excessif de conserves et de surgelés, où l'assemblage de

---

11) Hazard analysis critical control point. En français : Analyse des dangers et points critiques pour leur maîtrise.

produits conditionnés en amont remplace l'art culinaire. Et quand le frais ou l'ultra frais s'invite en cuisine, c'est toute une histoire. Éplucher des pommes de terre ou nettoyer une salade un peu terreuse est quasiment impossible pour nombre d'unités non équipées ou dont le personnel n'a plus le temps de s'attarder.

L'hygiène alimentaire s'étend jusqu'aux protocoles de nettoyage des cuisines après leur service avec le traitement intégral des surfaces de travail et des sols, le plus souvent avec des produits corrosifs et dégageant des émanations nocives. Le moindre microbe disparaît, y compris celui qui ne suscitait jusqu'alors aucun danger. Pourtant il suffirait d'employer des méthodes innovantes comme le nettoyage vapeur ou des recettes presque éprouvées de grand-mère comme le vinaigre blanc, le bicarbonate de soude et les huiles essentielles. Dans les Bouches-du-Rhône, la ville de Martigues a décidé de bannir en 2013 le recours aux molécules chimiques pour les remplacer par des produits de traitement écologiques à la manipulation desquels ont été formés les personnels d'entretien. Résultat : une économie annuelle de 15 000 € sur les produits, une baisse des affections de peau et des voies respiratoires et même une découverte d'un indicateur favorable qui n'entrait pourtant pas dans le projet : une petite baisse de l'absentéisme professionnel !

Revenir à des cuisines vivantes demande d'appeler l'imagination au pouvoir. En insistant sur une idée simple : le brut, le frais et le vrac ont leur place en cuisine, même dans les grosses unités urbaines. Il suffit pour cela de développer des espaces tampons à l'arrière des fourneaux qu'on appelle légumeries. Les fruits et légumes du jour se retrouvent posés sur les étagères d'espaces réfrigérés avant qu'un traitement spécifique ne leur soit réservé : nettoyage, décontamination dans des bacs à l'eau de javel ou mieux, au vinaigre blanc, épluchage ou brossage, découpe et préparation. Évidemment, cela demande du temps mais c'est un peu comme à la maison : se risquerait-on à offrir des boîtes de conserve en guise de plat principal à ses invités ?

Pour répondre au problème du facteur temps et impulser un approvisionnement local, le conseil départemental du Gard a mis en place à Nîmes une unité de conditionnement des légumes chargée de recevoir la production locale brute et de la préparer pour un réseau d'une vingtaine de cuisines elles-mêmes relocalisées au sein de chaque collège. Un joli coup double. Les producteurs disposent d'un seul point de livraison plutôt que de faire le tour de plusieurs établissements. Les équipes en cuisine sont déchargées d'une partie du temps de préparation pour se consacrer à l'art culinaire.

Dans d'autres cuisines, on fait le pari d'une alimentation vivante renouant avec des produits jetés aux oubliettes au nom de croyances infondées. Le chef cuisinier de la cité scolaire de Nay, en Pyrénées-Atlantiques, emploie régulièrement des œufs coquille qu'il casse sur le bord de jattes ou de poêles avec son équipe. Dit comme ça, cela prête à sourire mais il faut savoir qu'une telle pratique est devenue exceptionnelle. Pour des raisons qui relèvent de la désinformation et des intérêts de l'industrie, les coules d'œufs (sans coquille) pasteurisées, conditionnées dans de grands bidons en plastique, ont remplacé depuis longtemps les œufs en barquette avec coquille. Il en est de même avec une denrée aussi répandue qu'accessible mais rarement employée : le lait cru entier. Là encore, parce que la suspicion de présence de salmonelles (que l'on peut écarter sans crainte) met les cuisines sous pression, les produits à base de lait écrémé et pasteurisé à haute température, privés d'une bonne partie de leurs vitamines, de leurs acides gras et d'éléments minéraux ont pris la place du lait cru entier. Dans ces deux cas pourtant, la réglementation n'interdit pas leur utilisation, elle appelle tout au plus à de simples précautions d'usage : adapter les températures de cuisson et demander le certificat d'agrément aux producteurs aujourd'hui largement équipés de matériels de contrôle *ad hoc*. Mais c'est ainsi, le contexte de peur alimentaire et la responsabilité juridique qui pèsent sur les épaules des différents acteurs les poussent à satisfaire des objectifs bien éloignés du seul plaisir, du partage et des saveurs.

LA SANTÉ PUBLIQUE PASSE AUSSI PAR L'ASSIETTE

La société de consommation tous azimuts, le décalage grandissant entre les besoins nutritionnels des individus et les fausses bonnes réponses apportées par l'industrie agroalimentaire à grand renfort de publicité ont au moins un mérite : rappeler que la restauration collective est un repaire de l'équilibre alimentaire et nutritionnel des enfants, des personnes âgées, des malades. Sur ce point, la perception des parents et des convives converge et c'est plutôt un bon point. Très peu d'établissements s'affranchissent des services d'une diététicienne et les commissions des menus sont suffisamment ouvertes et paritaires pour s'entendre.

E954
E170

Pourtant, quand bien même on mange équilibré à la cantine, on peut s'empoisonner. Dans quelles proportions ? Les avis divergent mais les alertes scientifiques se multiplient sur les conséquences d'une alimentation conventionnelle, issue d'une agriculture qui recourt à un large spectre de produits phytosanitaires pour garantir ses récoltes, son revenu et… ses mauvaises habitudes. Les fongicides, les herbicides et les insecticides, trois grandes familles composées de matières actives nocives sur le plan environnemental, sont soupçonnés d'être en lien avec de nouvelles maladies, comme la modification des réponses naturelles de l'organisme aux perturbateurs endocriniens[12]. Il existe un fort clivage dans la profession médicale dont les représentants débattent encore du manque de sources fiables pour démontrer les effets des pesticides sur la santé. Un autre déni persiste dans le milieu agricole où parler de l'utilisation de produits chimiques en contact direct est tabou. Nous voilà bien : au lieu de nous interroger sur

---

12) L'étude sur les malformations génitales du CHU de Montpellier, Pr Charles Sultan et Nicolas Kalfa, 2015.

le lien éventuel entre tel ou tel cancer et des molécules de synthèses répandues à tout va qui modifient durablement la qualité des sols et de l'eau, la vraie question serait plutôt de savoir jusqu'à quand il faudra apporter des preuves pour se convaincre de changer de modèle !

Le consensus existe en revanche sur la corrélation entre une mauvaise alimentation et une mauvaise santé publique. La multiplication des maladies dites de civilisation, en partie d'origine alimentaire (obésité, diabète, maladies cardiovasculaires), génère des dépenses de Sécurité sociale de plus en plus importantes.

Investir dans une alimentation variée, de qualité et bio en restauration collective permet de réduire les risques d'atteinte à la santé publique et de diminuer les dépenses liées aux soins, c'est aussi simple que cela. Cela permet également de soulager les agriculteurs condamnés à multiplier les intrants[13] coûteux qui

13) Il s'agit des engrais, des semences, des plants, des pesticides… tout élément extérieur au sol et à l'exploitation agricole.

épuisent les ressources du sol au point que, à rendement légèrement moindre, convertir une exploitation en bio est devenu compétitif sur le plan purement comptable, malgré le surcroît de main d'œuvre engendré.

Malheureusement les agriculteurs sont peu soutenus dans la transition vers une agroécologie durable. La situation est même paradoxale puisqu'on constate qu'un agriculteur bio doit payer pour être contrôlé et prouver qu'il protège l'environnement quand son homologue conventionnel n'a besoin de produire aucun document sur le niveau de contamination des milieux par les engrais et les traitements chimiques qu'il diffuse. Comment affirmer dans ce cas qu'une alimentation de qualité coûte cher alors qu'une production qui affecte durement l'environnement engloutit des sommes publiques considérables pour assurer, dans des difficultés grandissantes, la survie des fermes et des paysages agricoles ?

La question de la santé préoccupe de plus en plus de territoires. Dans le Parc naturel régional du Vercors, à cheval sur l'Isère et la Drôme, un programme original baptisé Alimentation-Santé-Territoire (AST) a choisi d'intégrer en 2010 cette triple préoccupation au développement agricole local. Pour servir la restauration collective dont de nombreux centres aérés l'été, la santé des convives est mise en avant à travers une approche respectueuse du patrimoine naturel et par l'encouragement à passer en mode de production biologique. La notion de santé est également symbolique et se traduit par une plus grande vitalité économique des hommes et des femmes du territoire : gestionnaires de structures d'accueil, propriétaires de restaurants, hôteliers profitent d'un nouvel essor. Ailleurs en France des cuisines collectives renoncent à l'huile de palme, aux OGM, aux colorants alimentaires, à l'aspartame pour ne citer qu'eux.

Les contrats locaux de santé signés avec les Agences régionales de santé se multiplient. Les autorités comprennent que l'anticipation et la prévention valent mieux qu'une politique de soins coûteuse en aval. C'est le cas du Pays Cœur d'Hérault, un territoire de 70 000 habitants situé entre l'agglomération de

Montpellier et les premiers contreforts du Larzac. Étudier les risques liés aux pesticides ou lutter contre l'obésité et le surpoids de l'enfant sont des priorités, comme la lutte contre l'habitat indigne ou l'objectif d'une bonne santé mentale des jeunes. Ce type de contrat crée des précédents d'où découlent chaque année de nouvelles actions orientées vers un mieux-être de la population. L'alimentation se retrouve aussi au cœur d'un film « Bien manger en Pays Cœur d'Hérault » diffusé sur la toile.

MANGER BIO ET AUTREMENT, C'EST PARIER SUR L'AVENIR

Mieux manger en collectivité, au fond, tout le monde y aspire. Le contexte médiatique est porteur, les reportages et les émissions qui se mêlent du contenu des assiettes se multiplient. La téléréalité, malgré son exubérance et son lot de maladresses, entre dans les foyers où le citoyen se mue en compétiteur acharné de nouvelle cuisine. Les grands chefs occupent le devant de la scène et distribuent la bonne parole tandis que le savoir-faire français continue de s'exporter. Les cuisines du monde voyagent et font des percées remarquées hors de leurs frontières. La restauration collective n'échappe pas au mouvement et engendre une forte attente sociale de la part des parents d'élèves qui montent des collectifs militants en demandant à leurs élus de mieux faire manger les nouvelles générations. Dans les maisons de retraite et les hôpitaux, des acteurs planchent au quotidien sur les solutions à imaginer pour donner plus de sens et de joie aux plateaux repas.

Cet engouement inédit a un revers : la qualité, le bon, le bio et les labels responsables sont encore négligés dans les discours. On assimile encore trop souvent le produit local à un produit de qualité même s'il est gorgé de pesticides et on condamne inversement l'aliment bio qui vient d'un pays tiers. Sur les étals, un beau produit bien présenté, brillant, de fort calibre donne à penser qu'il possède d'avenantes qualités. Ce n'est pas toujours vrai et une éducation à l'alimentation, la vraie, s'impose. Où l'on parlerait d'abord de saisonnalité, de biodiversité voire de rusticité des produits : un navet creusé de galeries superficielles atteste de la vie dans le sous-sol qui l'a vu naître, une carotte avec deux racines pivots pour le prix d'une est la preuve d'un accueil généreux de formes et de calibres hétérogènes, une cuisse de volaille dont la chair se détache difficilement fournit l'assurance que l'animal a vécu plutôt heureux avant de se présenter dans les assiettes.

L'éducation au bon produit qui enrichit la terre et les hommes émerge, doucement, maladroitement mais sûrement sur les territoires. Pour aider à sa diffusion, il faut engager des efforts supplémentaires. Former les cuisiniers à de nouvelles approches, au produit entier, au refus de servir des pilons de poulets par centaines quand ils pourraient débiter des volailles entières par dizaines seulement, mieux cuire la viande, envisager la variété des protéines avec l'introduction de légumineuses et de céréales dans des recettes originales qui donnent vraiment faim. La formation professionnelle continue à une restauration collective durable commence à se développer, c'est une bonne nouvelle. Mais des modules de formation initiale seraient préférables, généralisés à l'ensemble des cursus des cuisiniers, des gestionnaires, des techniciens avant leur arrivée sur le marché du travail. Dans le milieu agricole, même constat, il a fallu attendre des années pour voir des conseillers spécialisés en agriculture biologique occuper des postes dans les chambres d'agriculture. C'est désormais le cas.

Chez les consommateurs, un formidable message peut être passé aux jeunes générations. Un projet alimentaire porté collectivement et tourné vers le bio entraîne naturellement des envies de mieux faire au sein des équipes pédagogiques comme des animateurs du temps périscolaire qui accompagnent les enfants au moment du repas. Les cuisiniers eux-mêmes sont les premiers éducateurs au goût. Lorsque des ateliers jardinage et cuisine sont mis en place au sein des établissements, la découverte des fruits et légumes devient un jeu, la sensibilisation au passage de la lune et des saisons en agriculture, une leçon d'astronomie appliquée. Et l'association du bien manger avec le bien bouger, une évidence.

Manger mieux, s'éveiller à l'environnement, à la santé, au goût et à la richesse des échanges sociaux revient à tirer le fil d'une immense pelote de bonheur collectif. En 2013, la ville de Mouans-Sartoux (Alpes-Maritimes) a souhaité mesurer ce paramètre jusqu'alors peu exploré. Elle a mis en place avec les services de l'État un observatoire de la restauration durable pour évaluer l'impact des bonnes pratiques alimentaires (100 % bio et local) sur le bien-être des habitants. Un sondage de 2013, en particulier, indique que deux tiers des familles déclarent avoir fait évoluer leurs propres pratiques alimentaires sur la base de ce que leurs enfants mangeaient dans les restaurants scolaires. À peine revenus de l'école, le temps d'un week-end, les petits proposent régulièrement des idées de recettes aux grands. Un exemple à suivre.

SIGNATAIRES

Brigitte Allain, députée de Dordogne ; **Julie Andrieu**, journaliste, productrice, animatrice ; **Yann Arthus-Bertrand**, photographe, président de la fondation GoodPlanet ; **Pierre Aschieri**, maire de Mouans-Sartoux ; **Émilie Aubry**, journaliste ; **Marie-Christine Bajard**, directrice en charge de l'éducation au département de la Drôme ; **Denis Baupin**, député de Paris, vice-président de l'Assemblée Nationale ; **Guy Bedos**, artiste ; **Jean-Louis Bianco**, président de l'Observatoire de la laïcité ; **Jacques Bilirit**, maire de Fourques-sur-Garonne ; **Michèle Blanc-Pardigon**, pédiatre ; **Luc Blanchet**, président de Botanic ; **Célia Blauel**, adjointe à la maire de Paris en charge de l'environnement ; **Michel Bonet**, adjoint au maire de Saint-Rémy de Provence en charge de l'éducation ; **Claude Bourguignon**, ingénieur agronome ; **Catherine Brette**, présidente du Parc naturel régional du Vercors ; **Irina Brook**, directrice du Théâtre national de Nice ; **Damien Carême**, maire de Grande-Synthe ;

Jean-François Caron, maire de Loos-en-Ghoelle ; **Jean-Claude Carrière**, écrivain, scénariste, parolier, metteur en scène ; **Cathy Chaulet**, vice-présidente du Conseil départemental du Gard ; **Édouard Chaulet**, maire de Barjac ; **Gérard Chausset**, adjoint au maire de Mérignac ; **Gilles Clément**, paysagiste ; **Alain Cointat**, président du GEM-RCN (Groupe d'Étude des Marchés Restauration Collective et Nutrition) ; **François Collart-Dutilleul**, juriste et directeur du programme Lascaux ; **Emmanuelle Cosson**, directrice du pôle enfance à la mairie de Salon-de-Provence ; **Arnaud Daguin**, cuisinier ; **Marc Daunis**, sénateur des Alpes-Maritimes et maire de Valbonne ; **Louis-Albert de Broglie**, fondateur du Conservatoire de la tomate ; **Henri de Pazzis**, président de Fermes d'avenir ; **Olivier De Schutter**, rapporteur spécial de l'ONU sur le droit à l'alimentation (2008-2014) ; **Jean-Paul Delevoye**, président du Conseil économique social et environnemental ; **Xavier Denamur**, restaurateur ; **Philippe Desbrosses**, cofondateur des principaux mouvements d'agriculture biologique ; **Cyril Dion**, auteur, réalisateur, cofondateur du mouvement Colibris ; **Cédric Dubost**, adjoint au maire de Bègles délégué à l'éducation ;

Marc Dufumier, professeur émérite à AgroparisTech ; **Laurent El Ghozi**, président d'Élus « santé publique et territoires » ; **Piers Faccini**, auteur, compositeur, interprète ; **Benjamine Fajeau**, productrice de télévision ; **Philippe Federzoni**, codirigeant de Naturdis ; **Grégory Gendre**, maire de Dolus-d'Oléron ; **Susan George**, présidente d'honneur d'Attac France ; **Mariette Gerber**, docteur en médecine, Ph.D ; **Sébastien Giorgis**, adjoint au maire d'Avignon ; **Vincent Glenn**, réalisateur ; **Jean-Luc Gleyze**, président du département de la Gironde ; **Marie-Louise Gourdon**, conseillère départementale, vice-présidente de l'agglomération du Pays de Grasse ; **Dominique Granier**, président de la chambre d'agriculture du Gard ; **Claire Grolleau-Escriva**, présidente d'Ecolo crèche ; **Claude Gruffat**, président de Biocoop ; **Anne-Marie Hautant**, vice-présidente de la Région Provence-Alpes-Côte-d'Azur, délégation santé-alimentation ; **Christophe Hebert**, président d'Agores, Association de la restauration publique territoriale ; **Nicolas Hulot**, président de la fondation Nicolas Hulot pour la Nature et l'Homme ; **Alexandre Jardin**, écrivain ; **Jean-Paul Jaud**, producteur, réalisateur ; **Alain Jund**, adjoint au maire de Strasbourg ;

Anselm Kiefer, artiste peintre ; **Bernard Kimmel**, fondateur et directeur d'Arcadie ; **Annie Kinas**, adjointe au maire de Martigues en charge de l'éducation et de l'enfance ; **Denez l'Hostis**, président de France Nature Environnement ; **Sandrine Lafargue**, conseillère départementale des Pyrénées-Atlantiques déléguée à l'Agenda 21 ; **Michèle Lafont-Battesti**, conseillère municipale de la ville de Salon-de-Provence en charge de la réussite éducative ; **Philippe Lassalle Saint-Jean**, président d'Arbio-Aquitaine ; **Périco Légasse**, rédacteur en chef à Marianne ; **Philippe Meirieu**, professeur et vice-président de la Région Rhône-Alpes ; **Daniel Mermet**, journaliste ; **Norbert Métairie**, maire de Lorient et président de Lorient Agglomération ; **Frank Meymerit**, directeur du Civam Béarn ; **François Morel**, acteur, scénariste et chanteur ; **Edgar Morin**, sociologue et philosophe ; **Liliana Moyano**, présidente de la FCPE ; **Francoise Nyssen**, PDG Actes Sud Éditions ; **Stéphanie Pageot**, présidente de la Fédération Nationale d'Agriculture Biologique ; **Didier Perréol**, président du Groupe Ekibio ; **Éric Piolle**, maire de Grenoble ; **Edgard Pisani**, ancien ministre ; **Florence Presson**, adjointe au maire de Sceaux ; **Pierre Rabhi**, paysan, écrivain et conférencier ;

Thierry Ricard, directeur éducation jeunesse de la Ville de Miramas ; **Michèle Rivasi**, députée européenne EELV ; **Jean-Louis Robillard**, vice-président « Alimentation, régionalisation de l'agriculture, ruralité » du Conseil régional Nord-Pas-de-Calais ; **Valérie Rouverand**, ajointe au maire de Nîmes déléguée à l'enseignement scolaire ; **Vincent Rozé**, président de l'association Mangez Bio Isère ; **Corinne Rufet**, vice-présidente de la Région Île-de-France chargée de l'environnement, l'agriculture et l'énergie ; **Christophe Sempels**, professeur ; **Lionel Senpau**, chef de cuisine de la ville de Manduel ; **Pierre Serne**, vice-président de la Région Île-de-France ; **Vandana Shiva**, écrivain et militante indienne ; **Thierry Stoedzel**, directeur général Ecocert France ; **Charles Sultan**, professeur d'endocrinologie au CHU de Montpellier ; **Laurent Terrasson**, rédacteur en chef de Cuisine Collective ; **Didier Thévenet**, directeur de la cuisine centrale de Lons-le-Saunier ; **François Veillerette**, porte-parole de Générations futures ; **Jean Viard**, sociologue ; **William Vidal**, président d'Ecocert ; **Louis Villaret**, président du Pays Cœur d'Hérault ; **Guillaume Villemot**, président de Bleu-Blanc-Zèbre ; **Anne Walryck**, vice-présidente de Bordeaux Métropole chargée du développement durable.

UN PLUS BIO

Dans le paysage complexe, technique et cloisonné de la restauration collective, l'association nationale Un Plus Bio a fait tôt le pari qu'une autre alimentation est possible. Dès 2002, alors qu'on parle encore très peu de local et encore moins de bio, le collectif se donne pour mission de diffuser une parole et des actions nouvelles auprès de territoires prêts à changer d'approche et de modèle alimentaire. En treize ans d'existence, Un Plus Bio a accompagné de nombreuses villes, villages, départements, régions et structures dans leur démarche de transition où l'implication de toutes les parties prenantes a permis d'enclencher de sérieuses évolutions.

Le positionnement atypique de l'association, à la croisée de différents mondes entre la fourche et l'assiette, lui a permis d'inventer une nouvelle manière de faire dialoguer des acteurs qui avaient peu l'habitude de se croiser en restauration collective : des agriculteurs, des distributeurs, des élus, des techniciens, des agents de services, des cuisiniers, des parents d'élèves, des convives. Partager est devenu le maître-mot, suivi de près par celui de défricher, autre caractéristique d'un mouvement pionnier qui expérimente, projette et ne se satisfait pas du statu quo.

En 2013, poussé par ses adhérents, Un Plus Bio crée le Club des Territoires. Son but : fédérer et rapprocher les collectivités engagées, porter leur voix au niveau national, infléchir les politiques générales dans le bon sens. À ce jour, le Club rassemble une trentaine de collectivités et de structures qui représentent plus de 10 millions d'habitants. Celles-ci sortent de la marginalité pour faire corps, défendent le cas particulier devant l'universel et osent prétendre que l'utopie alimentaire, au fond, c'est facile, à condition de passer à l'action et d'ériger en règle le bonheur de vivre… et de manger ensemble !

Achevé d'imprimer en octobre 2015
par l'Imprimerie Lussaud à Périgny (17185)
pour les Éditions Court Circuit, Serres-Morlaàs

Dépôt légal : octobre 2015

IMPRIM'VERT
Votre imprimeur agit pour l'environnement

PEFC
10-31-1075
Certifié PEFC
pefc-france.org